Adrian Hartke

Die Res gestae saxonicae des Widukind von Corvey: Sachsengeschichte und Fürstenspiegel

Adrian Hartke

Die Res gestae saxonicae des Widukind von Corvey: Sachsengeschichte und Fürstenspiegel

GRIN Verlag

Bibliografische Information Der Deutschen Bibliothek: Die Deutsche
Bibliothek verzeichnet diese Publikation in der Deutschen Nationalbibliogra-
fie; detaillierte bibliografische Daten sind im Internet über http://dnb.ddb.de/
abrufbar.

1. Auflage 2005
Copyright © 2005 GRIN Verlag
http://www.grin.com/
Druck und Bindung: Books on Demand GmbH, Norderstedt Germany
ISBN 978-3-638-67456-0

HISTORISCHES SEMINAR DER WWU-MÜNSTER

Hauptseminar: Herrschertugenden: Werte ohne Wandel?

Die Res gestae saxonicae des Widukind von Corvey: Sachsengeschichte und Fürstenspiegel

Vorgelegt am 10.09.2005 von Adrian Hartke

Inhaltsverzeichnis:

I. Einleitung:

Das mehrfach umgearbeitete Werk des Mönches Widukind von Corvey thematisiert die Geschichte des sächsischen Volkes, von der Frühgeschichte des Sachsenstammes über die Zeit Heinrichs I., bis hin zur Darstellung der Taten und Leistungen Ottos I.

Es scheint daher gar vermessen meiner Hausarbeit den Titel „Die Res gestae saxonicae des Widukind von Corvey: Sachsengeschichte und Fürstenspiegel" zu geben. Jedoch soll diese Arbeit zeigen, dass Widukind von Corvey mit den Res gestae saxonicae nicht nur ein Geschichtswerk verfasst hat, sondern auch didaktische Literatur, in der er sich zwar auf den von Augustinus zusammengestellten Tugendkatalog, der sich aus christlichen und heidnischen Tugenden zusammensetzt, stützt, er aber andere Gewichtungen der einzelnen Tugenden vornimmt und auch andere Schriftsteller rekurriert. Zudem soll analysiert werden, welche paränetischen Absichten in diesem Werk verfolgt werden.

Weiterhin soll der Entstehungsprozess des Werkes nachgezeichnet werden.

Inwiefern Entwicklungslinien vom vierten bis zum betrachteten, im zehnten Jahrhundert entstandenen Werk zu erkennen sind, soll in dieser Arbeit genauso thematisiert werden wie die Frage, warum dieses Werk auch als Fürstenspiegel bezeichnet werden kann, welche Tugenden von Widukind aufgegriffen werden und für wen der Fürstenspiegel „Res gestae saxonicae" geschrieben wurde. Schließlich muss noch geklärt werden welche Absicht er mit diesem Werk verfolgte.

II. Hauptteil:

1. Widukind von Corvey:

Aufschlüsse über den Mönchen, Hagiographen und Geschichtsschreiber Widukind von Corvey gibt in erster Linie sein Werk. Er ist vermutlich im Alter von 15 Jahren in das Kloster Corvey eingetreten, was von einer reichhaltigen Bildungstradition geprägt war und im 10. Jahrhundert als geistliches und politisches Zentrum einen hohen Stellenwert im ottonischen Reich besaß[1]. Da das Kloster nur Angehörige des Adels aufnahm, kann als erwiesen gelten, dass Widukind von Corvey von adeligem Geschlecht war. Der seltene Name Widukind lässt Schlüsse auf eine Verwandtschaft zu dem sächsischen Stammesherzog und Gegner Karls des

---

[1] Bernd Schneidmüller, Widukind von Corvey, Richer von Reims und der Wandel politischen Bewusstseins im 10. Jahrhundert (S.83-102), S.87, in:Beiträge zur mittelalterlichen Reichs- und Nationalbildung in Deutschland und Frankreich, hrsg. von Carlrichard Brühl und Bernd Schneidmüller (Historische Zeitschrift Heft 24), München 1997.

Richard Engel, Widukind von Corvey (S.85-92), S.87, in: Weltbild und Realität. Einführung in die mittelalterliche Geschichtsschreibung, hrsg. von Ulrich Knefelkamp, Pfaffenweiler 1992.

Großen Widukind vermuten[2]. Zudem kann eine entfernte Verwandtschaft mit Königin Mathilde angenommen werden. Vor der Fertigstellung der Res gestae Saxonicae sind von ihm zwei hagiographische Schriften, eine metrische Passio Theclae virginis und eine alterno stylo gedichtete Vita Pauli primi eremitae verfasst worden, von denen im 12. Jahrhundert noch der Titel bekannt war[3]. Die Widmungsfassung der Res gestae saxonicae wurde mit ziemlicher Sicherheit 968/69 zu Ende geführt, wie Richard Engel betont, jedoch können daraus keine weiteren Rückschlüsse auf die Lebensdaten des Widukind von Corvey gezogen werden[4]. Die Autorenschaft der Fortsetzung des Werkes bis zum Tode Ottos des Großen kann nicht gänzlich geklärt werden und so wäre die Aussage, dass Widukind von Corvey nach 973 gestorben ist, spekulativ[5].

Schließlich soll geklärt werden, ob die Bezeichnung des Widukind von Corvey als Spielmann in der Kutte gerechtfertigt ist. Auch wenn Helmut Beumann Widukind von Corvey als epischen Dichter charakterisiert und hinzufügt, dass wenige Ansätze für eine Chronologie sprechen, da weitgehend die drei Aspekte Zeit, Raum und Kausalität, die die Basis einer historischen Erzählung bilden, nicht berücksichtigt werden[6]. So betont Beumann, dass die Darstellungen des Widukind von Corvey auf konkrete historische Wirklichkeit Bezug nehmen[7]und Widukind selbst sein Werk ausdrücklich als historia definiert[8]. Zudem verdeutlicht Widukind ganz eindeutig, dass die fama nicht als Quelle für eine historia verwendet werden kann[9]. So schließt Gerd Althoff auch seinen Aufsatz und den 1992 gehaltenen Geburtstagsvortrag für Helmut Beumann mit dem Satz: „Der Kronzeuge ist vertrauenswürdig"[10]. Denn, so schreibt Althoff, sollten die Res gestae saxonicae einem

---

[2] wie Anm. 1: Richard Engel, S.87.

Helmut Beumann, Widukind von Korvei. Untersuchungen zur Geschichtsschreibung und Ideengeschichte des 10. Jahrhunderts (Abhandlungen zur Corveyer Geschichtsschreibung, Bd. 3; Veröffentlichungen der Historischen Kommission des Provinzialinstituts für westfälische Landes- und Volkskunde, Bd. X 3), Weimar 1950, S.3.

[3] wie Anm. 2: Helmut Beumann, S.2.

[4] wie Anm. 1: Richard Engel, S.87.

[5] wie Anm. 2: Helmut Beumann, S.9.

[6] Helmut Beumann, S.52.

[7] Helmut Beumann, S.54.

[8] Quellen zur Geschichte der sächsischen Kaiserzeit. Widukinds Sachsengeschichte , Adalberts Fortsetzung der Chronik Reginos, Liudprands Werke (Freiherr vom Stein-Gedächtnisausgabe Bd. VIII), Übersetzungen von Paul Hirsch u.a., neu bearbeitet von Albert Bauer und Reinhold Rau, Darmstadt 1971, III, 63: ...ut initio historiae predixi, …

[9] Ebd. I, 2: Et primum quidem de origine statuque gentis pauca expediam, solam pene famam sequens in hac parte, nimia vetustate omnem fere certitudinem obscurante.

Johannes Laudage, Widukind von Corvey und die Deutsche Geschichtswissenschaft (S.193-224), in: Von Fakten und Fiktionen. Mittelalterliche Geschichtsschreibung und ihre kritische Aufarbeitung, hrsg. von Johannes Laudage, Köln 2003, S.211.

[10] Gerd Althoff, Widukind von Corvey. Kronzeuge und Herausforderung, in: Frühmittelalterliche Studien 27 (S.253-272), 1993, S.272.

Mitglied der Herrscherhauses, der Königin Mathilde, der Tochter Ottos des Großen,[11] wichtige Informationen vermitteln[12].

2. Die Problematik der Entstehung der Res gestae saxonicae:

Das Werk des Widukind von Corvey ist mehrfach umgearbeitet worden, wie an den vorhandenen Schriftzeugnissen abzulesen ist, die den Rückschluss auf drei Fassungen zulassen. Alle überlieferten Fassungen sind gewidmet[13]. Wie Beumann schon herausgestellt hat, sind die Widmungsfassungen der Res gestae saxonicae nur Umarbeitungen des vorherigen Werkes[14]. So kann eine Schrift ohne Widmung aus den Codices Steinfeld Londinium, Eberbach, München und Heidelberg entschlüsselt werden, die „Ur-Schrift" B[15]. Hermann Bloch hat 1913 die Vermutung geäußert, dass das Werk mit dem Kapitel III, 57 beendet war[16]. Doch neuere Forschungen setzen das Ende mit dem Kapitel III, 62, da das darauf folgende Kapitel Ereignisse der Jahre 961-97 zusammengefasst darstellt und eine Schlussformulierung aufweist[17]. Die Kapitel III, 63, das mit dem Vers „At finis civilis belli terminus sit libelli[18]" beginnt, bis III, 69, welches mit dem Satz „Is finis Wichmanno, talis omnibus fere, qui contra imperatorem arma sumpserunt[19]" endet und frühestens im Oktober 967 verfasst werden konnte, da Wichmann am 22. September in Kämpfen gefallen ist[20], gehören damit also zur Widmungsfassung A , die für Mathilde, der Tochter Ottos des Großen und Äbtissin von Quedlinburg, bestimmt war. Diese 968 abgeschlossene Fassung[21] ist nur in einer Handschrift, dem Codex Dresden, erhalten[22]. Die Kapitel III, 70 bis III, 76 sind nach dem Tode Ottos des Großen, also erst nach 973, entstanden. Diese Ur-Schrift C kann durch die Codices Montecassino und St. Pantaleon rekonstruiert werden[23]. Doch gibt es außer der Erweiterung weitere Abweichungen von der Schrift B, die ich jedoch nicht en detail darstellen möchte, da sonst der Rahmen der Arbeit gesprengt würde. So möchte ich nur noch auf eine Änderung zu sprechen kommen, die zugleich ein Hinweis auf eine andere Widmungsperson

---

Johannes Laudage, S.209.

[11] Siehe hierzu die Erläuterungen zur Widmung des Werkes im weiteren Verlauf der Hausarbeit

[12] Gerd Althoff, S.272.

[13] Johannes Laudage, S.215.

[14] Helmut Beumann, S.7-11.

[15] Quellen zur Geschichte der sächsischen Kaiserzeit, Einleitung, S.8f.

[16] Hermann Bloch, Die Sachsengeschichte Widukinds von Corvei, NA 38, 1913, S.104f.

[17] Widukind, Sachsengeschichte, III, 63: At finis civillis belli terminus sit libelli.
Johannes Laudage, S. 217.

[18] Widukind, Sachsengeschichte, III, 63

[19] Ebd. III, 69

[20] Gerd Althoff, Widukind von Corvey, S.261.

[21] Helmut Beumann, S.9f.
Johannes Laudage, S.217.

[22] Quellen zur Geschichte der sächsischen Kaiserzeit, Einleitung, S.8.

[23] Quellen zur Geschichte der sächsischen Kaiserzeit, Einleitung, S.7ff.

geben könnte. Dabei spielt das Kapitel I, 22 die zentrale Rolle. In der B-Version werden zwei Anschläge beschrieben, die der Erzbischof Hatto I. von Mainz auf das Leben seiner Gegner verübt habe. In der C-Version wird nur ein Anschlag angesprochen, dem König Heinrich entkommen konnte. Der zweite Anschlag wird nicht erwähnt, da er dem Autor nicht gesichert schien. Auch an dieser Stelle kann man wunderbar erkennen, dass Widukind auf Fakten großen Wert legt, denn dem Bischof sei der Anschlag vom Volksmund zugesprochen worden und somit nicht durch Quellen beweisbar. In einer weiteren Version schildert er ebenfalls nur einen Anschlag, beschuldigt aber nicht mehr den Erzbischof, sondern irgendwelche obskuren Freunde (amiciis regiis[24]) König Konrads I.[25] Johannes Laudage schlussfolgert, dass diese Fassung einem Verwandten Hattos I., vielleicht Hatto II., der in den Jahren 968-70 Erzbischof in Mainz war, gewidmet war[26]. Johannes Fried erklärt, dass derartige Abweichungen und Verformungen auf die orale Traditionsbildung zurückzuführen sind[27].

Durch Einschübe und Veränderungen wurden dem Text neue Intentionen gegeben[28]. So wurde die ursprünglich vorgesehene Geschichte der sächsischen Führer durch die Umarbeitung des Werkes mit Widmungsfassung zu einer Geschichte der Könige von Heinrich I. zu Otto dem Großen. Das Verhältnis zum Leser hat sich also grundlegend geändert. Hatte er sich als Sachse dem ursprünglichen Leserkreis genähert, so tritt er jetzt als „geringster Knecht seines Klosterheiligen"[29] der königlichen Prinzessin und Äbtissin Mathilde gegenüber, bei der er mit seiner humilitas und devotio um Nachsicht und Milde bittet[30].

3. Die Res gestae saxonicae als Fürstenspiegel:

a) Die Adressatenfrage und die von Widukind verfolgte Absicht:

Wie vorhin schon angemerkt, waren die „causa scribendi und die causa dedicationis"[31]nicht identisch. Die konzipierte Sachsengeschichte musste aber nicht grundsätzlich umgearbeitet werden. So wurden die Widmungen den drei Büchern vorangestellt, direkte Anreden in den

---

[24] Widukind, Sachsengeschichte, I, 22, S.52, Z.20.
[25] Johannes Laudage, S.213f.
[26] Johannes Laudage, S.218.
[27] Johannes Laudage, S.214.
[28] Johannes Laudage, S.211.
    Wolfgang Christian Schneider, Ruhm, Heilsgeschehen, Dialektik. Drei kognitive Ordnungen in Geschichtsschreibung und Buchmalerei der Ottonenzeit (Historische Texte und Studien, Bd.9), Hildesheim 1988, S.41.
[29] Helmut Beumann, S.33.
[30] Helmut Beumann, S.33.
    Widukind, Sachsengeschichte, Praephatio I.
[31] Gerd Althoff, Widukind von Corvey, S.259.

fließenden Text hineingesetzt, da er mit diesen bestimmte Details der Res gestae saxonicae der Tochter Ottos des Großen näher bringen konnte und er überarbeitete die Geschichten über Hatto von Mainz, wie vorhin nachgewiesen wurde. Warum die res gestae saxonicae der Tochter Ottos des Großen und Äbtissin von Quedlinburg gewidmet wurde, wird deutlich, wenn die Geschichte der Ottonen zur Zeit der Entstehung rekonstruiert wird.

Die Kaisertochter Mathilde wurde 955 geboren und, wie aus den Quedlinburger Annalen hervorgeht, 966 mit elf Jahren zur Äbtissin von Quedlinburg geweiht[32]. Kurz nach dieser Weihe, noch im Jahre 966, begann Otto der Große seinen dritten Italienzug, den er erst 972 beenden konnte. Im Herbst 967 zog sein Sohn Otto II. nach Italien, wo er Weihnachten 967 in Rom zum Mitkaiser gekrönt wurde.

Diese Rekonstruktion ist deshalb entscheidend, da erst jetzt klar wird, dass das Widmungskonzept zu einer Zeit entstanden sein muss, als nur die Königin Mathilde und der der Sohn Ottos des Großen Erzbischof Wilhelm von Mainz, der Reichsregent war, die ottonische Familie nördlich der Alpen repräsentierten. Als Auftraggeber kämen schlussfolgernd also nur die Königin Mathilde und/ oder der Erzbischof Wilhelm in Frage, auch wenn sie von Widukind selbst nicht erwähnt werden[33]. Die Darstellung des Todes des Wichmann in Kapitel III, 69 und die Hinweise auf die Kaiserkrönung Ottos II. am Weihnachtsfest 967 deuten darauf hin, dass Widukind 968 noch schrieb[34]. Erst nach dem Abschluss der Erstfassung wurde der Widmungsplan ausgeführt, der von einem oder beiden noch nördlich der Alpen verbliebenen Mitgliedern des Ottonengeschlechts gewünscht war. Höchstwahrscheinlich, aber dies ist nicht durch Quellen belegbar, könnte gar die schwere Erkrankung der Königin Mathilde Anlass zu dieser Umarbeitung gewesen sein[35]. Fest steht, dass Wilhelm von Mainz am 2. März und die Königin Mathilde nach langer schwerer Krankheit am 14. März 968 verstarben und somit vom 14. März an das 12- oder 13 jährige Mädchen, die Tochter Ottos des Großen und Äbtissin von Quedlinburg Mathilde das einzige Mitglied des Kaiserhauses nördlich der Alpen bis Ende 972 gewesen ist[36]. Dieser Umstand hatte zur Folge, dass sie allein die ottonische Herrschaft in Sachsen repräsentieren und Stammestage leiten musste. So dienten die Res gestae saxonicae für die junge Mathilde als Leitfaden, der sie in dieser schwierigen Situation eine Stütze bot. Otto der Große hatte

---

[32] Annales Quedlinburgenses, hrsg. von Georg Heinrich Pertz (MGH SS 3), Hannover 1839, a. 999, S.75:
Mechtild…undecimo ortus sui anno Metropolitae sibi haereditariae, licet tantis impar oneribus, imperatorem tamen consulto patrum nec non communi electione, antistitum benedictione perpetua regendo praeficitur.
Gerd Althoff, Widukind von Corvey, S.260.
[33] Gerd Althoff, Widukind von Corvey, S.260.
[34] Gerd Althoff, Widukind von Corvey, S.261f.
[35] Gerd Althoff, Widukind von Corvey, S.262.
[36] Gerd Althoff, Widukind von Corvey, S.261f.

keineswegs vor seiner Abreise sämtliche Konflikte lösen können, vor allem nicht die Gegner der Gründung eines neuen Erzbistums Magdeburg dazu bewegen können seinen Plänen zuzustimmen. Wie Althoff betont, verhalf das Werk der Mathilde in die politischen Kräftefelder Sachsens als Angehörige des Herrscherhauses einzugreifen, da es das nötige Wissen vermittelte. So stellte es das sächsische Selbstverständnis und den sächsischen Stammesstolz dar, referierte die Leistungen der ottonischen Könige, ihres Vaters und ihres Großvaters und veranschaulichte die vielfältigen Auseinandersetzungen namentlich Ottos des Großen mit Angehörigen des Herrscherhauses, mit den Herzögen des Reiches und mit wichtigen Vertretern des sächsischen Adels. Dieses Wissen war unbedingt notwendig, um die Politik in Sachsen zu lenken. Sie musste es seit März 968 notgedrungen gegen die noch zahlreich vorhandenen Gegner Ottos des Großen oder zumindest ihrer Nachkommen einsetzen[37]. Der gerade mündig gewordene Heinrich, später der Zänker genannt, führte die von seinen Vater begonnenen Auseinandersetzungen im Herrscherhaus weiter. Die Billunger Egbert und Hermann, der Hermann, der 972 königsgleich in Magdeburg einzog und demonstrativ im Bett des Königs schlief. Über seine Einsetzung zum princeps militiae und die daraus resultierenden Probleme informiert Widukind Mathilde en detail. Die Ernennung erregte den Neid nicht nur aller übrigen Fürsten, sondern auch den seines Bruders Wichmann, der eine Krankheit vortäuschte und sich so aus dem Heer zurückzog[38]. Zudem setzten die Nachfolger des sächsischen Markgrafen Gero seine teils gegen die Königsfamilie zielende Politik fort. Von Otto jedoch, dem Sohn Liudolfs, des Herzogs von Schwaben und Bayern, konnte sie Unterstützung erwarten[39]. Anhand dieser Beispiele ist ersichtlich, dass Mathilde mit diesem Werk das Rüstzeug gegeben wurde jeden ihrer Gegner politisch zu bekämpfen und die dem Kaiserhaus Wohlgesonnenen zu fördern und zu unterstützen[40].

Weiterhin wurden ihr die Leistungen des ottonischen Hauses, durchdrungen von dem Gedanken, dass die Herrschaft ihrer Vorfahren von Gott legitimiert sei und in entscheidenden Situationen von göttlicher Hilfe begünstigt und gefestigt werde, nahe gebracht.

Die Helden der Res gestae saxonicae, mit denen Mathilde verwandt ist, werden mit den von Cicero übermittelten Kardinaltugenden Platos durch Widukind charakterisiert[41]. Doch werden nicht nur die Mitglieder und Unterstützer der Königsfamilie, sondern auch die Gegner Ottos

---

[37] Gerd Althoff, Widukind von Corvey, S.268.
[38] Widukind, Sachsengeschichte, II 4: Placuit igitur novo rei novum principem militiae constituere. Elegitque ad hoc officium virum nobilem et industrium satisque prudentem nomine Herimannum. Quo honore non solum caeterorum principum, sed et fratris sui Wichmanni offendit invidiam. Quapropter et simulata infirmitate amovit se ab exercitu.
[39] Auf die Existenz des Liudolf-Sohnes weist Widukind in III, 57 hin: Reliquit post se filium patris vocabulo insignitum.
[40] Gerd Althoff, Widukind von Corvey, S.269.
[41] Helmut Beumann, S.139.

des Großen gewürdigt. Dieser vermeintliche Widerspruch lässt sich dadurch erklären, dass der jungen Äbtissin all diese Informationen gegeben werden mussten, die sie für den angemessenen Umgang mit den verschiedenen politischen Gruppierungen vor allem in Sachsen, aber auch im Reich, benötigte[42].

Die Gegnerschaft Widukinds zum Plan der Gründung eines neuen Erzbistums Magdeburg wird der Mathilde deutlich vermittelt.

Wie eben schon erwähnt fasste Widukind in den Jahren 967/68 Ereignisse der letzten zehn Jahre knapp zusammen beziehungsweise hat sie ganz weggelassen. So wird die römische Kaiserkrönung Ottos des Großen überhaupt nicht in seinem Werk angesprochen, die Italienpolitik nur in einem knappen Kapitel in der Form einer Praeteritio zusammengefasst, da sein Vermögen zu schwach sei alles zu berichten[43]. Auch die Missionspolitik im Osten und das Streben um den Aufbau eines neuen Erzbistums Magdeburg werden letztendlich in seinem Werk nicht thematisiert[44]. Am 12. Februar 962 stimmte der Papst der Gründung des Erzbistums Magdeburg zu[45]. Sowohl die Kaiserkrönung Ottos des Großen in Rom als auch die Gründung des Erzbistums Magdeburg wurden von Otto dem Großen und seinem Sohn Wilhelm von Mainz gemeinsam geplant, wie Laudage hervorhebt. War Wilhelm von Mainz erst ein Widersacher des Magdeburgplans und war es ihm gelungen, dass der Plan 955 verworfen wurde, so setzte er sich nun energisch für die Errichtung eines Erzbistums ein[46]. War er zuvor also noch ein Verfechter Corveys und somit mit Widukind einer Meinung, dass die Gründung eines Erzbistums Magdeburg die Macht und den Einfluss des Klosters Corvey erheblich schwächen würde, wie in der Chronik Thietmars verdeutlicht wird[47], so wurde er jetzt zu einem Gegner Widukinds. Wie Althoff jedoch ausdrücklich betont, sei die Gegnerschaft des Wilhelm von Mainz nicht gesichert, denn er weist zurecht darauf hin, dass erst Wilhelms Nachfolger Hatto schriftlich die Zustimmung zur Abgabe der Bistümer Havelberg und Brandenburg, welche zuvor dem Erzbistum Mainz unterstellt waren, an Magdeburg gab[48]. So kann also die berechtigte Frage gestellt werden, ob Wilhelm von Mainz

---

[42] Gerd Althoff, Widukind von Corvey, S.270.
[43] Widukind, Sachsengeschichte, III, 63: …nostrae tenuitatis non est edicere, sed, ut initio historiae predixi, in tantum fideli devotione elaborasse sufficiat.
[44] Gerd Althoff, Widukind von Corvey, S.259.
[45] Papsturkunden 896-1046 I, bearbeitet von Harald Zimmermann (Österreichische Akademie der Wissenschaften, Phil.-Hist. Klasse, Denkschriften 174. Veröffentlichungen der Historischen Kommission 3), Wien 1984, Nr.154, S.281-84.
[46] Johannes Laudage, S.219-22.
[47] Die Chronik des Bischofs Thietmar von Merseburg und ihre Korveier Überarbeitung, ed. Robert Holtzmann (MGH SS rer. Germ. N.S. 9), 1935, II, 18, S.60.
[48] zur Urkunde Hattos vgl. Urkundenbuch des Erzstifts Magdeburg 1, hrsg. von Friedrich Israel und Walter Möllenberg (Geschichtsquellen der Provinz Sachsen, N.R. 18) Magdeburg 1937, Nr.59, S.81f.: Episcopos vero ultra Albiam, Brandoburgensem scilicet et Haualbergensem, nostre hactenus ecclesi subiectos, a debita nobis

wirklich ein glühender Verfechter des Magdeburg-Plans geworden war, denn wenn er es gewesen wäre, hätte er doch gewiss die Unterstellung der Bistümer Brandenburg und Havelberg in Angriff genommen. Letztendlich muss diese Frage also ungeklärt bleiben.

Als gesichert gilt aber, dass Widukind von Corvey entschieden gegen die Errichtung des Erzbistums Magdeburg gewesen ist und sich deutliche Hinweise darauf auch in seinem Werk finden. Allein der Ausschluss der Magdeburgdiskussion zeigt schon recht deutlich, dass Widukind diese noch nicht einmal für erwähnenswert hielt. Bischof Bernhard von Halberstadt war entschiedener Gegner der Gründung des neuen Erzbistums. Widukind von Corvey schreibt in seinem Werk, dass nach einem frommen Gerücht ein Einsiedler die Seelen des im Februar verstorbenen Bischof Bernhard und der im März verstorbenen Königin Mathilde gemeinsam zum Himmel aufsteigen gesehen habe[49]. Da die Königin Mathilde in eine derart vertraute Nähe zu Bischof Bernhard gesetzt wird, gilt es als praktisch erwiesen, dass auch sie eine Gegnerin des Magdeburg-Planes gewesen war. Weitere Anhaltspunkte dieser Gegnerschaft liefert der Umstand, dass die Königin Mathilde sich vehement für die Sicherung des Besitzstandes des Stiftes in Quedlinburg eingesetzt hat und dieser durch ein päpstliches Exemtionsprivileg geschützt wurde[50]. Genauso wurde die Besitzung des ottonischen Hausklosters Gandersheim[51]und des von Mathilde neu gegründeten Klosters Nordhausen gesichert[52].

b) Das Verhältnis von Sachsen und Franken und die glorifizierende Darstellung des sächsischen Stammes:

Widukind gibt schon zu Beginn des ersten Buches der Res gestae saxonicae einen Eindruck von der Größe und Bedeutung des sächsischen Stammes. Zwar betont er, dass er sich auf Sagen stütze, da die „allzu ferne Zeit beinahe jegliche Gewissheit verdunkelt"[53], aber er lässt kein Zweifel daran, dass das Volk ein „altes und edles"[54] sei. In I, 12 greift er noch einmal die

---

obedientia absolvimus et prescripte Magadaburgensi ecclesie eiusque archiepiscopo obedituros eque permittimus et consentimus.
Gerd Althoff, Widukind von Corvey, S.267.
[49] Widukind, Sachsengeschichte, III, 74: Illo quoque tempore (d.h. zur Zeit des Todes der Königin Mathilde) Bernhardus, ut ab omni populo predicabatur suis temporibus sacerdotio dignissimus, diem funxit extremum. Piam famam super his nemo nos vituperet prodidisse, dum veri periculo non subcumbimus. Audivimus enim a quodam solitario, in spriritu nescio an manifesta visione, animam reginae et episcope infinita multitudine angelorum cum Gloria ineffabili caelos deferre vidisse.
[50] Papsturkunden 896-1046 (wie Anm. 45), 1: 896-996, Nr.178.
[51] Papsturkunden 896-1046 (wie Anm. 45), 1: 896-996, Nr.184.
[52] Vita Mathildis antiquior, hrsg. Von Rudolf Köpke (MGH SS 10) Hannover 1852, cap. 16, S.581.
    Gerd Althoff, Widukind von Korvei, S.263.
[53] Widukind Sachsengeschichte, I, 2, S.21, Z.32.
[54] Wdukind, Sachsengeschichte, I, 2, S.23, Z.3; I, 2: caeterum gentem antiquam et nobilem fuisse non ambigitur.

Vermutung auf, dass die Sachsen von den Griechen abstammen würden[55]. Die Sachsen sind, wie Widukind darstellt, in ihrem Siedlungsgebiet nicht autochthon, sondern Fremde, die mit Schiffen an der Unterelbe an einem Ort namens Hadeln angekommen sind und die dort ansässigen Thüringer bekriegt haben[56]. Die Legitimität ihrer Landnahme wird der Äbtissin von Quedlinburg mehrmals verdeutlicht. Zum einen kauften die Sachsen den Thüringern Erde gegen Gold ab, verstreuten diese dünn auf den Boden, so dass sie mit dieser List einen Lagerplatz anlegen konnten -hier bezieht sich Widukind also auf die Rechtssymbolik der traditio per terram- ; zum anderen konnte sich das auserwählte Volk der Sachsen durch kriegerische Auseinandersetzungen behaupten und dadurch Land von den Thüringern erobern[57]. Eine List, ein Massaker an den unbewaffneten Feinde mit unter den Mänteln versteckten Messern verübt, sorgte für den vollständigen Sieg über die Thüringer und für die Namensgebung des sächsischen Volkes, dessen Name nach Widukind von Sahs, übersetzt mit dem Wort Messer, abgeleitet wurde. Diese Tat machte die Sachsen bekannt und zu gefürchteten Gegnern der Nachbarvölker[58]. Mathilde erfuhr also, dass die Sachsen sich im Kriege, manchmal gar mit List bewährten. Durch ihre Stärke und ihren Mut war so die Basis für das spätere Königtum, gar für das Kaisertum ihres Vaters gebildet worden. Im Thüringerkrieg werden die Sachsen zu „socii quoque Francorum et amici"[59]und suchen auch danach deren Freundschaft[60]. Wie jedoch Ernst Karpf erwiesen hat, ist die amicitia nicht das rechtsverbindliche Bündnis gleichberechtigter Partner, sondern impliziert ein gewisses Abhängigkeitsverhältnis. Auch nachdem Karl der Große die Sachsen zum so bezeichneten wahren Glauben geführt hatte und die Sachsen nun Brüder der Franken geworden waren und mit ihnen zusammen das „una gens ex christiana fide"[61] bildeten, so war noch zu Beginn der Herrschaft Ottos des Großen eine Knechtschaft von Sachsen unter fränkischer Herrschaft ein

---

[55] Widukind, Sachsengeschichte, I, 12: Ex hoc apparet aestimationem illorum utcumque probabilem, qui Saxones originem duxisse putant de Graecis, quia Hirmin vel Hermis Graece Mars dicitur;...
Ernst Karpf, Herrscherlegitimation und Reichsbegriff in der ottonischen Geschichtsschreibung des 10. Jahrhunderts, Historische Forschungen, im Auftrag der Historischen Kommission der Akademie der Wissenschaften und der Literatur, hrsg. von Karl Erich Born und Harald Zimmermann, Bd. X, Stuttgart 1985, S.146.
[56] Widukind, Sachsengeschichte, I, 3.
[57] Widukind, Sachsengeschichte, I, 5-6.
[58] Widukind, Sachsengeschichte, I, 6-7.
Norbert Kersken, Die Anfänge nationaler Geschichtsschreibung im Hochmittelalter: Widukind von Corvey, Gallus Anonymus, Cosmas von Prag, Gesta Hungarorum, in: Europas Mitte um 1000 (Handbuch zur Ausstellung), hrsg. von Alfred Wieczorek und Hans Martin Hinz, Bd.2, Darmstadt 2000, S.865.
[59] Widukind, Sachsengeschichte, I, 13.
[60] Widukind, Sachsengeschichte, I, 14: Saxones igitur possessa terra summa pace quieverunt, societate Francorum atque amicitia usi.
wie Anm. 1: Bernd Schneidmüller, S.91.
[61] Widukind, Sachsengeschichte, I, 15, Z.9.

Thema [62]. Die Einheit der Sachsen und Franken zu einem Volk wird in den von Widukind verwendeten Formeln deutlich, die er in seinem Werk bei den Königswahlen von 911, 919 und 936 einsetzt[63]. Auch wenn die Formel populus Francorum atque Saxonum das fränkische Moment im rechtlichen Sinne über die sächsische Emanzipation dominieren lässt, wie Ernst Karpf erläutert, so zeichnet sich eindeutig mit der Reliquientranslation nach Sachsen der fränkische Niedergang und der sächsische Aufstieg ab, wie Widukind ausdrücklich akzentuiert[64].

Mit dem Tod Konrads I. ist Heinrich in Anwesenheit der Fürsten und des Königs zum König ausgerufen worden. Die Königswürde ist fortan beim sächsischen Stamm[65]. Otto der Große wurde nach dem Tode des größten und erfolgreichsten Königs Heinrich I., dem Vater des Vaterlandes, vom ganzen Volk der Franken und Sachsen zum König erwählt[66]. Erkoren wird er nach Angaben Widukinds in Aachen, doch fügt er hinzu, dass der Ort in der Nähe von Jülich, dem Ort, der nach seinem Gründer Julius Caesar benannt wurde, liegt. Mit dieser Zusatzerklärung wird der Bezug auf die Caesarentradition deutlich. Die Erwähnung der Basilika Karls des Großen, in der der Krönungsakt stattfindet, betont die Verbindung zur fränkischen Tradition, die jedoch zugunsten der Verknüpfung der sächsischen Herrscher mit den Caesaren, hintangestellt wird, was daran zu erkennen ist, dass diese Information von Widukind in einem Nebensatz Erwähnung findet[67], wie Ernst Karpf schreibt. Doch wird

---

[62] Widukind, Sachsengeschichte, II, 6: Nam Saxones imperio regis facti glorioso dedignabantur aliis servire nationibus quaesturasque quas habuerunt ullius alii nisi solius regis gratia habere contempserunt.
Richard Engel, Widukind von Corvey, in: Ulrich Knefelkamp, Weltbild und Realität. Einführung in die mittelalterliche Geschichtsschreibung, Pfaffenweiler 1992, S.85f.
Ernst Karpf, Herrscherlegitimation, S.147.
[63] Widukind, Sachsengeschichte, I, 16, S.44, Z.20: omnisque populus Francorum atque Saxonum; I, 26, S.58, Z.2f.: coram omni populo Francorum atque Saxonum; II, 1, S.84, Z.31: omnis populus Francorum atque Saxonum.
[64] Widukind, Sachsengeschichte, I, 34: Inde regnante Hluthowico imperatore translatae sunt in Saxoniam, et ut legatus Karoli confessus est, ex hoc res Francorum coeperunt minui, Saxonum vero crescere, donec dilatatae ipsa sua iam magnitudine laborant,…
Bernd Schneidmüller, Widukind von Corvey, S.91.

[65] Widukind, Sachsengeschichte, I, 26.
Joachim Ott, Kronen und Krönungen in Frühottonischer Zeit, in:Ottonische Neuanfänge. Symposium zur Ausstellung „Otto der Grosse, Magdeburg und Europa", hrsg. von Bernd Schneidmüller und Stefan Weinfurter, Mainz 2001, S.171f.
Ulrich Knefelkamp, Weltbild und Realität, S.86.
[66] Widukind, Sachsengeschichte, II, 1: Defuncto itaque patre patriae et regnum maximo optimo Heinrico omnis populus Francorum atque Saxonum iam olim designatum regem patre, filium eius Oddonem, elegit sibi in principem.
Ernst Karpf, Herrscherlegitimation, S.163.
[67] Widukind, Sachsengeschichte, II, 1: Universalisque electionis notantes locum iusserunt esse ad Aquasgrani palatii. Est autem locus ille proximusIulo, a conditore Iulio Caesare cognominato. Cum- que illo ventum esset, duces ac prefectorum principes cum caetera principum militum manu congregati in sixto basilicae Magni Karoli cohaerenti collocarunt novum ducem in solio ibidem constructo,…
Ernst Karpf, Herrscherlegitimation, S.163.

ebenfalls hervorgehoben, dass der Krönungsakt in der Pfalz zu Aachen abgehalten wird[68]. Ich möchte nicht andeuten, dass Ernst Karpf diese Stelle in Widukinds Werk falsch interpretiert hat, aber ich weise darauf hin, dass man bedenken sollte, dass die Aachener Pfalz mit Karl dem Großen in unmittelbarem Zusammenhang steht, da dieser der Gründer der Pfalz ist und somit nicht nur beiläufig, um es überspitzt zu formulieren, Bezug genommen wird. Auch die Tatsache, dass Karl der Große die Pfalz in der Nähe von Jülich erbaut hat, könnte meines Erachtens ein Hinweis darauf sein, dass Karl der Große sich selbst auf das Caesarentum bezogen hatte und das Widukind mit der genaueren Angabe der Lage der Pfalz darauf anspielt. Würde man diesen Interpretationsweg folgen, so wäre eine klare Verbindungslinie von den Caesaren über die Franken bis hin zu den Sachsen zu zeichnen. Diesen Gedanken weiterzuführen würde den Rahmen der Arbeit sprengen, so dass ich es bei diesem Hinweis belassen werde.

Die Verbindungslinie zu den Caesaren wird von Widukind in III, 49 noch einmal aufgenommen, in der Otto der Große statt in Rom auf dem Lechfeld von Volk und Heer zum Kaiser in der Art eines spätantiken Heerkaisers ausgerufen wird[69]. Hier endet also die eben dargestellte Kontinuitätslinie, auf die Widukind an verschiedenen Stellen seines Werkes aufmerksam macht.

Karl der Große führte sein edles Nachbarvolk erfolgreich zum wahren Glauben, so dass Franken und Sachsen Brüder werden konnten und ein Volk, im Glauben vereint, bildeten[70]. Heinrich I. ist von Konrad zum König erhoben worden und nach dem Tode der große König Otto, der an die Caesarentradition anknüpfte, zum Kaiser vom Volk erwählt worden. Mit Hilfe der Relquientranslation ist dieser glorreiche Aufstieg der Sachsen gelungen.

Mit dieser Darstellung ist der Mathilde der Aufstieg des sächsischen Volkes gezeigt worden. Weiterhin soll ihr klar werden, dass die sächsischen Herrscher an die Caesarentradition anknüpfen und, wohl gemerkt nach meiner abgewandelten Interpretation des Ernst Karpf, die rechtsverbindlichen Nachfolger der fränkischen Herrscher sind. Außerdem wird ihr eindeutig ersichtlich gezeigt, dass der Aufstieg von Gott gewollt und legitimiert sei, denn die Blüte des sächsischen Stammes hängt direkt mit der Reliquientranslation zusammen. Da die Reliquien des Heiligen Vitus nach Corvey gelangt sind, wird indirekt von Widukind betont, dass auch Corvey zu diesem permanenten Aufstieg des sächsischen Volkes, von „Sklav[en] zu Freien,

---

[68] Siehe Anmerkung 64
[69] Helmut Beumann, Ideengeschichtliche Studien zu Einhard und anderen Geschichtsschreibern des früheren Mittelalters , Darmstadt 1962, S.45.
Widukind, Sachsengeschichte, III, 49: Triumpho celebri rex factus gloriosus ab exercitu pater patriae imperatorque appellatus est…, et hoc idem sanctae matri eius per nuntios demandans, cum tripudio ac summa laetitia Saxoniam victor reversus a populo suo libentissime suscipitur.
[70] Ulrich Knefelkamp, Weltbild und Realität, S.85.

[von] Zinspflichtig[en] zu Herren"[71], von der Königs- gar hin zur Kaiserwürde einen Beitrag geleistet hat.

c) Die von Widukind vermittelte Herrscherlegitimation:

α) Das heidnisch-sakrale Königtum:

Unter den Autoren des 10. Jahrhunderts ist Widukind der einzige, der neben den kirchlich-theologischen Herrschaftsvorstellungen auch auf Grundelemente des heidnisch-sakralen Königtums zurückgreift[72]. Dies wird deutlich, da er beschreibt, dass Heinrich I. die von Bischof Heriger angebotene Salbung und das Diadem zwar nicht verschmähte, aber auch nicht annahm. Er sei dieser Ehre noch nicht würdig, wird von Widukind zwar noch ergänzt, aber es wird klar, dass anscheinend für Heinrich die Legitimierung seiner Herrschaft durch die Zustimmung der Fürsten und Ältesten des Frankenheeres ausschlaggebend ist. Gewiss, das muss hinzugefügt werden, fehlt keineswegs der Gottesbezug, denn er erläutert, dass er durch Gottes Gnade und durch die Huld der Fürsten König geworden sei[73]. Folglich sind Handgang und Treueschwur der principes die rechtlich konstitutiven Elemente der Erhebung, die Investitur und Salbung durch einen kirchlichen Würdenträger hingegen ist nur ein zusätzlicher Akt[74]. Auch der von Widukind angestrebte Vergleich Heinrichs I. mit Christus verdeutlicht die göttliche Legitimation der Herrschaft[75]. Widukind demonstriert in III, 49 der Mathilde, dass ihr Vater Otto der Große auf dem Lechfeld zum Kaiser ausgerufen wurde, wie eben schon erläutert wurde. Wie der Geschichtsschreiber Einhard, so schließt auch Widukind die Kirchenpolitik, jedoch nicht den Gottesbezug und die Gotteslegitimation der Herrschaft aus[76]. Otto der Große wird in Widukinds Werk schon 955 zum Kaiser von seinem Heer und Volk gekürt. Die Krönung in Rom wird nur in einem Nebensatz angedeutet, in dem Widukind erkennen lässt, dass Otto schon gekrönt ist[77]. Mit dem Ausblenden der Institution Kirche soll die Unabhängigkeit des sächsischen Kaisertums angestrebt werden. Die sächsische Herrscherdynastie kann sich auf die Caesarentradition berufen, wie Mathilde von Widukind vermittelt bekommt. Entgegen der bisherigen Familientradition wurde jedoch die Kirche von

---

[71] Widukind, Sachsengeschichte, I, 34, S.69, Z.3.
[72] Ernst Karpf, Herrscherlegitimation, S.168f.
[73] Widukind, Sachsengeschichte, I, 26.

[74] Ernst Karpf, Herrscherlegitimation, S.166f.
[75] Widukind, Sachsengeschichte, I, 17: Natus est autem ei filius toto mundo necessarius, regum maximus optimus, Henricus,...
Helmut Beumann, Widukind von Corvey, S.136f.
Ernst Karpf, Herrscherlegitimation, S.168.
[76] Helmut Beumann, Ideengeschichtliche Studien, S.52f.
[77] Widukind, Sachsengeschichte, III, 70: Acceptis armis Wichmanni imperator iam certus factus scripsit epistolam in Saxoniam mittendam.

Otto dem Großen zur Stütze seiner Herrschaft gemacht. Das Ottonisch-salische Reichskirchensystem war prägend, doch Widukind scheint diesen Umstand vollständig auszublenden. Die Vermutung liegt nahe, dass er gegen eine Stärkung der kirchlichen Position gewesen ist, wenn er als Geistlicher auch die Institution repräsentiere. Vielleicht, aber das ist Spekulation, wollte er, dass Mathilde an die alte Familientradition anknüpft und sich von der sehr engen Verbindung zur Kirche, die ihr Vater vehement gestärkt und ausgebaut hatte, löst. Als gesichert gilt nur, dass er die Krönung durch den Papst ausgelassen, die Verbindung von Kaiser und Papst dadurch verschleiert hat.

β) Die göttliche Legitimation:

Das göttliche Handeln wird nicht in finiten Verbformen ausgedrückt, sondern vielmehr im Handeln einer Personen. Nur an einigen Stellen wird das Handeln Gottes parallel zum Handeln der Person gestellt[78]. Die göttliche Legitimation ist im Handeln also allseits präsent. Das sächsische Volk und die sächsischen Herrscher sind von Gott begünstigt, wie Widukind oft in seinem Werk verdeutlicht. In I, 36 spricht er gar vom Volke Gottes[79].

Wie Schneider herausstellt, wird von Widukind direkt der Schutz Gottes für die Sachsen angesprochen und somit der Mathildevor Augen geführt[80]. Zudem kann die Schlussfolgerung gezogen werden, dass auch Mathilde sich unter diesem Schutz befindet und somit die Geschicke des Landes in Abwesenheit ihres Vaters mit göttlicher Hilfe lenken kann. Wie ihr Vater, durch höchste göttliche Hilfe geschützt, dem Anschlag Heinrichs entkommen konnte, obwohl es keinen Verräter gegeben hat, was einem Wunder gleichkommt, so scheint auch ihr Handeln durch diesen Schutz gefestigt werden zu können, wie Widukind ihr nahe legt.

So ist auch ihr Großvater durch Gottes beistimmendes Wohlgefallen zum König erwählt worden[81]. Auch ihr Vater war vor der Krönung von Gott erlesen, wie Widukind den Erzbischof Hildebert in seinem Werk sprechen lässt[82]. Ich möchte diese Beispielkette nun mit einem Hinweis auf göttliche Bitte beenden. In II, 17 fordert ihr Vater in der Schlacht bei Birten den Erweis der Allmacht Gottes und bittet um göttlichen Beistand[83]. Sich seinem

---

[78] Wolfgang Christian Schneider, Ruhm, Heilsgeschehen, Dialektik, S.46.
[79] Widukind, Sachsengeschichte, I, 36: Igitur sole cadente in humidia vestimenta barbarorum, fumum ascendere fecit usque in caelum, spem fiduciamque prestans Dei Populo, cuius faciei claritas atque serenitas circumfulsit illos.
[80] Wolfgang Christian Schneider, Ruhm, Heilsgeschehen, Dialektik, S.46.
[81] Widukind, Sachsengeschichte, I, 26:..., divina annuente gratia ac vestra pietate;...
[82] Widukind, Sachsengeschichte, II, 1: Én, inquit, adduco vobis a Deo electum et a domino rerum Heinrico olim designatum...
[83] Widukind, Sachsengeschichte, II, 17: Deus, inquit, omnium rerum auctor et rector, respice populum tuum, cui me preesse voluisti, ut, ereptus ab inimicis, sciant omnes gentes ullum mortalium tuae dispositioni contraire non posse, qui omnia potes et vicis et regnas in aeternum.

Willen stellend, wie Widukind dem Vater Mathildes die Worte in seinem Werk in den Mund legt, also als Werkzeug Gottes, wird die göttliche Hilfe erfleht.

Mathilde soll hier also erkennen, dass sie auch auf die göttliche Hilfe bauen kann. Sie ist, wie ihre Vorfahren, unter göttlichem Schutz, ihr Handeln ist, um es überspitzt zu formulieren, gar von Gott legitimiert, sicher aber von Gott begünstigt.

Der Teufel wird in seinem Werk nur einmal, jedoch sehr undeutlich angesprochen[84]. Gegen die Gott gewollte und legitimierte Herrschaft zu opponieren, könne nur vom Teufel verursacht werden. Der König, der die Ordnung des Gemeinwesens verkörpert, wird von Gott unterstützt. Jegliches Handeln gegen ihn ist teuflisches Handeln[85].

γ) Das Verhältnis von König und Fürsten:

Widukind erwähnt in I, 26, dass sowohl die Gnade Gottes als auch die Huld der Fürsten Heinrich zum König bestimmt haben[86]. Weiterhin betont Widukind in seinem Werk, dass das Reich allgemein durch Gottes Hilfe und im Besonderen sowohl durch die Anstrengungen Heinrichs als auch durch die Kraft und Hilfe der Reichssubjekte konsolidiert wurde[87]. Es könnte nun die falsche Schlussfolgerung gezogen werden, dass Widukind von Corvey die Bedeutung der Fürsten herausstellt. Sie haben den König gewählt und nur mit ihrer Hilfe konnten die Feinde besiegt und das Reich gefestigt werden.

Wenn das die Absicht Widukinds wäre, dann hätte er wichtige Ansätze der spätmittelalterlichen Fürstenspiegel schon im 10. Jahrhundert aufgegriffen und hätte für ein Wahlkönigtum plädiert, wie Thomas von Aquin es in seinem Werk des 13. Jahrhunderts als beste Staatsform herausstellt. Doch der universelle Herrschaftsanspruch des Königs wird an einer Stelle ganz klar verdeutlicht. Hier steht eindeutig milites mei, solum et imperium meum, terra mea und regnum meum, also in der Person Ottos des Großen allein drückt sich die Einheit des Reiches aus. Er allein verkörpert das Reich, nicht die Reichssubjekte[88]. Doch ist

---

[84] Widukind, Sachsengeschichte, III, 18: Illi autem iuramentis vicariis obligati et quodammodo arte antiqui hostis constricti hoc omnino negebant.
[85] Wolfgang Christian Schneider, Ruhm, Heilsgeschehen, Dialektik, S.46f./75.
[86] Widukind, Sachsengeschichte, I, 26: ..., divina annuente gratia ac vestra pietate;...Placuit itaque sermo iste coram universa multitudine, et dextris in caelum levatis, nomen novi regis cum clamore valido salutantes frequentabant.
[87] Widukind, Sachsengeschichte, I, 38: Olim ex omni parte confusum a quantis periculis imperium vestrum modo sit liberum, vos ipsi melius nostis, qui civilibus discordiis et externis bellis totiens attriti laborabatis. At nunc propitia nobis summa divinitate, nostro labore, vestra virtute pacatum collectumque cernitis, barbaros superatos et servituti subiectos.
[88] Widukind, Sachsengeschichte: III, 46: Totum pondus prelii ex adverso iam adesse conspiciens rex exhortandi gratia allocutus est socios hoc modo: Opus esse nobis bonorum animorum in hac tanta necessitate, milites mei, vos ipsi videtis, qui hostem non longe, sed coram positum toleratis. Hactenus enim inpigris manibus vestris ac armis semper invictis gloriose usus extra solum et imperium meum ubique vici, et nunc in terra mea et regno meo terga vertam?...
Ernst Karpf, Herrscherlegitiamtion, S.161f.

er im Kampfe auf sie angewiesen, wie in III, 44 von Widukind verdeutlicht wird[89]. Die Andeutungen für ein Wahlkönigtum und für die Wahl eines Gleichgestellten unter den Fürsten könnten bei Heinrich vermittelt worden sein, da er die Krone von Konrad übertragen bekommen hat. Das Königtum Heinrichs war zu Beginn noch nicht gefestigt, stand, wie Ernst Karpf immer wieder akzentuiert, zwischen einem noch nicht voll entwickelten sächsischen Königtum und der sächsischen Herzogswürde. Spätestens in der Wahl Ottos des Großen zum König gilt das Königtum als manifestiert. Die Überleitung auf ein von der römischen Caesarentradition geprägtes und von den Fürsten getragenes Kaisertum, das durch Gott legitimiert ist, wird der Mathilde von Widukind als Entwicklungslinie der Machtstufen des sächsischen Volkes, und schließlich seiner Herrscher gezeigt[90].

d) Analyse der Herrschertugenden:

Die der Mathilde von Widukind zu vermittelnde Ethik folgte, auch wenn sie durch frühmittelalterliche Fürstenspiegel nicht unberührt blieb und ebenso von der germanischen Vorstellungswelt geprägt war, den von Cicero übermittelten Kardinaltugenden Platos, die auch von Augustinus aufgegriffen wurden. Von ihnen finden sich prudentia (Klugheit), fortitudo (Stärke), meist zur virtus ausgeweitet und temperantia (Mäßigkeit), diese als clementia verwendet, im Mittelpunkt seines Denkens, während allein die noch bei Augustinus so stark betonte iustitia (Gerechtigkeit) kaum eine Rolle in seinem Werk spielt. Weiterhin werden die Res gestae saxonicae von den Herrschertugenden sapientia (Weisheit), fides (Treue) und constantia (Beständigkeit) geprägt[91].

α) Clementia, pietas und largitas:

Als zentrale kardinale Herrschertugend tritt die clementia hervor, die als Maßhalten bei der Möglichkeit, Rache zu üben oder als Milde eines Stärkeren gegenüber einem Schwächeren in der Bestimmung der Strafe, wie in Senecas Werken verwendet, gedeutet werden kann[92]. Als Synonyme werden largitas (Freigebigkeit) und pietas (Gerechtigkeit, Milde) zuweilen verwendet. Als Vorbilder des von Widukind verwendeten Clementiabegriffes diente Sallusts Clementiaverständnis, was aber von Widukind um das augustinische Gedankengut erweitert wurde[93].

---

[89] Widukind, Sachsengeschichte, III, 44: Primo diluculo surgentes, pace data et accepta operaque sua primum duci, deinde ununquisque alteri cum sacramento promissa, ...
[90] Ernst Karpf, Herrscherlegitimation, S.161f.
[91] Helmut Beumann, Widukind von Korvei, S.107-54.
[92] Helmut Beumann, S.115.
[93] Ebd., S.114.

Widukind demonstriert der Adressatin, dass herrscherliche Qualität herrscherliches Handeln erfordert und dass einer hohen Wertigkeit entsprechend gehandelt werden muss[94]. Die clementia ist zugleich ethische Norm und psychologisch bewegende Kraft, weil sie ihrem Inhalt nach an das konkrete Handeln gebunden ist und das menschliche Gegenüber braucht, auf das sie sich richtet, wie Beumann definiert[95]. Der normative Sinn, wie Beumann formuliert, wird am stärksten in jener Antithese severus extraneis – clemens civibus verdeutlicht[96]. Der Clementiabegriff wird von Widukind nicht im Sinne eines individuellen Charakterzuges verwandt, sondern als eine auf das Amt bezogene Norm, die dann natürlich als Maßstab für die Einzelperson genommen werden kann, wie Beumann betont[97].

Den sächsischen Verwandten wird diese Tugend von Widukind zugesprochen, doch vor allem wird Mathildes Vater mit clementia dargestellt, der im Verzeihen sein hohes Vermögen zeigt und dadurch Herrschaft ausüben kann[98], wie in II, 7 beschrieben[99]. Auch in II, 29 wird die Milde Ottos der Mathilde präsentiert,[100] der seinem Bruder trotz seines Attentatversuches den bayerischen Thron zuspricht[101]. Als letztes Beispiel soll die Verwendung der clementia in II, 11 dienen[102].

Als Synonym zur clementia wird von Widukind pietas zuweilen verwendet, wie in der schon zuvor zitierten Textstelle II, 7 ersichtlich wird[103]. Heinrich wird durch die Huld (vestra pietate[104]) der Versammelten zum König erwählt. Eine intensive Huld und Verpflichtungsbeziehung wird mit dem Begriff pietas vermittelt, wie Wolfgang Christian Schneider akzentuiert[105]. Auch als Frömmigkeit kann die pietas im Werk interpretiert werden. So ist in II, 36 die derartige Verwendung des Pietasbegriffes eindeutig zu bestimmen. In dieser zitierten Stelle wird ein weiteres Synonym für clementia von Widukind gebraucht, die

---

[94] Wolfgang Christian Schneider, Ruhm, Heilsgeschehen, Dialektik, S.40.
[95] Helmut Beumann, S.115.
[96] Ebd., S.115.
Widukind, Sachsengeschichte, II, 3: Rex quippe Heinricus cum esset satis severus extraneis, in omnibus causis erat clemens civibus.
[97] Helmut Beumann, S.116.
[98] Wolfgang Christian Schneider, Ruhm, Heilsgeschehen, Dialektik, S.42.
[99] Widukind, Sachsengeschichte, II, 7: Ipse autem rex, ut erat clementissimus, dum turbatores pacis merita castigatione afflixit, ilico cum pietate suscepit, et unumquemque eorum regio munere honorans dimisit in pace.
[100] Widukind, Sachsengeschichte, II, 29: Rex igitur vicina sibi semper clementia graves fratris miseratus labores aliquantis urbibus suis usibus concessis permissus est intra regionem Lothariorum habitare.
[101] Widukind, Sachsengeschichte, II, 36: …, monitu et intercessione sanctae matris eius recordatus est multis laboribus fatigati fratris prefecitque eum regno Boioariorum, Bertholdo iam defuncto, pacem atque concordiam cum eo faciens, qua usque in finem fideliter perduravit.
[102] Widukind, Sachsengeschichte, II, 11: Miseratus autem fratris fortunam suique ingenii ostendens clementiam, pro laude eius ac industria pauca locutus ….
[103] wie Anm. 99.
[104] Widukind, Sachsengeschichte; I, 26, S.58, Z.6; Helmut Beumann hat vestra pietate auf Bischof Heriger bezogen, Wolfgang Christian Schneider bezieht es auf die Versammelten und schließt sich so der Meinung von Lintzel an, die ich in diesem Falle auch teile.
[105] Wolfgang Christian Schneider, Ruhm, Heilsgeschehen, Dialektik, S.50.

largitas, die nach germanischer Vorstellung zu den Herrschertugenden gehörte und nicht den christlichen Einschlag des Clementiabegriffes impliziert[106]. König Konrad wird neben seiner Tapferkeit als freigiebig und mild glorifiziert[107]. Ganz eindeutig wird mit der rühmenden Darstellung des Königs Konrad seine Entscheidung, die Kronwürde dem sächsischem Herzog Heinrich zu übertragen, legitimiert, denn wer sollte bei einem mit aller Tugend gezierten König seinen Entschluss bezweifeln. Zudem werden auch schon in dieser Aussage dem Heinrich indirekt Tugenden zugesprochen, denn ein derart tugendhafter König wie Konrad würde nur einem Gleichgesinnten die Krone überlassen. Ich möchte mit der Interpretation nicht zu weit gehen, aber in dieser Aussage wird die in I, 17 dargelegte Charakterisierung Heinrichs von dem ehemaligen Gegner Konrad mit der Kronwürdeübertragung verifiziert[108]. Der mit jeglicher Tugend begabte Heinrich, der an hervorragender Weisheit (prudentia) und an Ruhm aller guten Taten in der Kindheit von Tag zu Tag zunahm, bestimmt fortan die Geschicke des Reiches.

β) Prudentia, sapientia:

Die prudentia hat unter den geistigen Eigenschaften eine zentrale Bedeutung. So bildet sie das Hauptcharakteristikum der wichtigsten Persönlichkeiten und wird oft mit dem ihr verwandten Begriff sapientia gekoppelt[109].

Karl der Große zeichnete sich durch Weisheit und Klugheit aus[110]. Es mag verwundern, dass Karl von Widukind mit diesen Tugenden charakterisiert wird, aber wenn bedacht wird, dass Karl der Große die Sachsen zum wahren Glauben geführt hat, so ist es gar selbstverständlich, dass er von Widukind glorifizierend dargestellt wird. Mathildes Großvater Heinrich zeichnete sich durch seine ungeheure Klugheit und Weisheit aus[111]. Hermann Billung ist mit einer derart großen Weisheit und Klugheit ausgezeichnet, dass es für Widukind gar schwierig ist

---

[106] Widukind, Sachsengeschichte, II, 36: Ipse denique dominus rerum, fratrum natu maximus optimus , inprimis pietate erat clarus, opere omnium mortalium constantissimus, preter regiae disciplinae terrorem semper iocundus, dandi largus,…
Helmut Beumann, S.119/121.

[107] Widukind, Sachsengeschichte, I, 25: Post haec autem rex ipse moritur, vir fortis et potens, domi militiaque optimus, largitate serenus et omnium virtutum insigniis clarus.

[108] Widukind, Sachsengeschichte, I, 17: Natus est autem ei filius toto mundo necessarius, regum maximus optimus, Heinricus, qui primus libera potestate regnavit in Saxonia. Qui cum primaeva aetate omni genere virtutum vitam suam ornaret, de die in diem proficiebat precellenti prudentia et omnium bonorum actuum gloria; nam maximum ei ab adolescentia studium erat in glorificando gentem suam et pacem confirmando in omni potestate sua. Pater autem videns prudentiam adolescentis et consilii magnitudinem reliquit ei exercitum et militiam adversusDalamantiam,….

[109] Helmut Beumann, S.129f.

[110] Widukind, Sachsengeschichte, I, 15: Magnus vero Karolus cum esset regum fortissimus, non minori sapientia vigilabat. Enimvero considerabat, quia suis temporibus omni mortali prudentior erat.,…

[111] Widukind, Sachsengeschichte, I, 39: Et cum ingenti polleret prudentia sapientiaque, accesit et moles corporis,…

diese nahe zu bringen[112]. Markgraf Gero bewies seine Klugheit lieber durch Taten als durch Worte[113]. Schließlich wird Mathilde selbst als Frau mit einzigartiger Weisheit dargestellt, an die sich Widukind, der geringste unter allen Dienern, in Ergebenheit wendet[114].

Die iustitia, die der Mathilde in der Praephatio III zugesprochen wird, wird in Widukinds Werk selten thematisiert[115]. Als eigentliche Herrschertugend, wie im Policraticus des Johannes von Salisbury wird sie nicht von Widukind verwendet[116]. Die Grundlage des imperium iustum ist nicht die iustitia, ein bei Sallust wie auch bei Widukind kaum beachteter Begriff, sondern die fides[117].

γ) Fides, perfidia:

Die Treue nimmt in Widukinds Werk einen wichtigen Stellenwert ein. Die Treue zum König ist bedeutend, wie in I, 35 und I, 39 gezeigt wird[118]. Auch Ottos Bruder Heinrich wird mit besonders starker Treue gerühmt[119]. Die Untreue wird aufs Schärfste verurteilt. So wird die Verletzung der fides durch den Erzbischof Hatto von Mainz als schändlich dargestellt[120]. Widukind demonstriert der Mathilde, wie wichtig die Treue ist. Sie kann, wie Widukind in seinem Werk erwähnt, auf die Loyalität Ottos, des Sohnes des bayerischen und schwäbischen Herzoges Liudolf bauen. Die Treuepflicht kann als Stütze der Herrschaft dienen, wie Widukind der Äbtissin von Quedlinburg verdeutlicht. Mit treuen Gefährten, so Widukinds Intention, kann sie die Geschicke des Reiches in Abwesenheit ihres Vaters lenken.

δ) Constantia:

Als weitere Herrschertugend wird der Mathilde die constantia von Widukind vermittelt. Constantia ist das Demonstrieren von Festigkeit, das Darstellen von Unangefochtenheit. Mit der constantia präsentieren die Herrscher ihre Führungsposition und geben dem Reich und seinen Bewohnern Sicherheit[121]. Trotz Anfechtung und Gefährdung, die eigene Person

---

[112] Widikind, Sachsengeschichte, III, 24: Ipse autem consilii nequaquam ignarus, quanta sapientia quantaque prudentia contra propinquos et hostes manifestos vigilaverit, difficile est omnimodis edicere.
[113] Widikind, Sachsengeschichte; III, 54: ..., multum scientiae, et qui prudentiam suam opere ostenderet quam ore;...
[114] Widikind, Sachsengeschichte, Praephatio I: Flore virginali cum maiestate imperiali ac sapientia singulari fulgenti dominae Mathildae...
[115] Widikind, Sachsengeschichte, Praephatio III: ..., unum iustitiae moderamen est normaque rectitudinis.
[116] Helmut Beumann, S.122.
[117] Ebd., S.114.
[118] Widikind, Sachsengeschichte, I, 35: Frater tamen erat Bolizlavi, qui quamdiu vixit imperatori fidelis et utilis mansit; I, 39: Unde et aliorum regnorum proceres eum adierunt gratiamque in conspectu eius invenire quaerentes, fidem talis ac tanti viri probatam habentes dilexerunt.
[119] Widikind, Sachsengeschichte; II, 36: ..., fideles et ipse amicis, ita ut mediocris substantiae coniugis suae sororis matrimonio honoraret, socium sibi amicumque faceret.
[120] Widikind, Sachsengeschichte, I, 22B: Hac igitur perfidia quid nequuius?
[121] Wolfgang Charistian Schneider, Ruhm, Heilsgeschehen, Dialektik, S.53.

unangefochten zu halten, ist Herrschaft, löst bei den anderen Furcht aus, wie Wolfgang Christian Schneider definiert[122]. So bleibt Otto trotz des großen Aufstandes von Heinrich und den Herzögen standhaft, obwohl ihn zahlreiche Anhänger verlassen[123]. Heinrich wird auch von großer Festigkeit von Widukind beschrieben[124]. Mathilde soll deutlich gemacht werden, dass constantia Sicherheit mit sich führt. Sie kann dem Reich Schutz geben. Standhaft zu bleiben festigt die Herrschaftsposition. Für die unerfahrene, junge Äbtissin ist eine Festigung ihrer Position äußerst entscheidend. Constantia braucht sie, wie Widukind ihr verdeutlicht, zum Regieren.

ε) Virtus:

Die virtus, als Oberbegriff aller Tugend, wird von Widukind vielseitig eingesetzt. Virtus umschließt sowohl Heldentum und politische Macht als auch den religiösen Bereich[125]. Sie dient bei Widukind der Persönlichkeitsschilderung. Seine eigene Virtus reiche nicht aus, um Ottos, Heinrichs und Bruns vorzustellen. Nur die devotio macht die Darstellung erst möglich[126]. Die britischen Gesandten rühmen die Tapferkeit der Sachsen und vergleichen sie mit den Römern[127]. Mit Hilfe des Vergleiches sollen der Mut und die Tapferkeit der Sachsen der Mathilde demonstiert werden. Zugleich kann eine Kontinuitätslinie von dem sächsischen Volk zu der auf ihm aufgebauten Herrscherdynastie gezogen werden. Der von ehemaligen Feinden vollzogene Vergleich mit den Römern betont nochmals die Stärke der Sachsen. Gar könnte in diesem Vergleich eine Vorwegnahme des auf die Caesarentradition aufgebauten Kaisertums gesehen und somit gar eine Kontinuität bis zu den Römern gezogen werden. Durch die beängstigende Tapferkeit Ottos ergibt sich Boleslaw[128]. Im Nekrolog auf Heinrich I. wird die Mehrdeutigkeit der Verwendung der virtus deutlich[129]. In der Äußerung, dass sein Sohn noch größer als er selbst ist, werden auch Otto die Eigenschaften Heinrichs zugesprochen. Auch Liudolf wird mit den Tugenden Heinrichs charakterisiert[130]. Deutlich wird die religiöse Verwendung, die in den zuvor zitierten Stellen anklingt, in I, 17, in der

---

[122] Ebd., S.53.
[123] Widukind, Sachsengeschichte, II, 24: Rex vero ea turbatione ac imperio usus est, licet raro milite constiparetur, asci nichil ei difficultatis obviasset.
[124] Widukind, Sachsengeschichte, II, 36: …; constanti admonum animo,…
[125] Helmut Beumann, S.123/126.
[126] Widukind, Sachsengeschichte, II, 36: Talium igitur et tantorum mores, habitum formamque, quos summa clementia mundo ad delicias omnemque decorem destinavit, nostrae non est onmimodis virtutis exponere;…
[127] Widukind, Sachsengeschichte, I, 8: Sub Romanorum hactenus clientela ac tutela liberaliter viximus.; post Romanos vobis meliores ignoramus, ideo sub vestrae virtutis alas fugere quaerimus. Vestra virtute, vestris armis hostibus tantum superiores inveniamur….
[128] Widukind, Sachsengeschichte, III, 8: Considerata itaque virtute regis ac innumera multitudine exercitus, Bolislav urbe egressus maluit tantae maiestati subici quam ultimam perniciem pati.
[129] Widukind, Sachsengeschichte, I, 41: …, omni virtute animi corporisque nulli secundus, relinquens filium sibi ipsi maiorem filioque magnum latumque imperium,….
[130] Widukind, Sachsengeschichte, II, 41: …, omni virtute animi et corporis ea aetate nulli mortali secundum;…

Heinrich mit Christus verglichen wird[131]. Also geht Widukinds profane Haltung nicht so weit, dass er in seiner Persönlichkeitsschilderung die Tradition der Hagiographie gänzlich vernachlässigt[132].

e) Vergleich mit karolingischen Fürstenspiegeln:

Immer wieder sind christliche Bezüge in den Res gestae saxonicae angeklungen, doch wird von Widukind nicht wie in anderen karolingischen Spiegeln das Hauptaugenmerk auf die christliche Ethik gelegt. Bei Widukind sind sowohl antike und germanische als auch christliche Bezüge in seinem Werk vorzufinden, wobei die Tugenden nicht nur den christlichen Inhaltsbereich berücksichtigen, sondern sie über diesen ausgeweitet werden, wie es besonders bei der clementia und der virtus deutlich wird. Die karolingischen Fürstenspiegel decken sich mit den allgemeinen christlichen Tugenden[133]. Das Vorbild vieler Fürstenspiegel ist De civitate dei von Augustinus, der in seinem Werk den Versuch einer Konstruktion eines Gottesstaates auf Erden unternimmt. Alkuin nutzt die antike Tradition als Dienerin des Christentums. Ihnen gemeinsam ist die starke Betonung der christlichen Tugenden, die in Widukinds Werk von antiken und germanischen Tugendvorstellungen verdrängt bzw. überdeckt werden. Die Gerechtigkeit, die in den karolingischen Fürstenspiegeln einen entscheidenden Faktor darstellt, wird von Widukind überhaupt nicht bzw. nur ansatzweise thematisiert. Auch der Bezug zur Bibel, meist gar durch direkte Zitate, so stellen Douda und Hinkmar von Reims zum Beispiel biblische Stellen über das königliche Amt in ihren Werken zusammen, wird bei Widukind nur unterschwellig beachtet, wie im vorherigen Verlauf der Arbeit schon angedeutet wurde. Eine Kontinuitätslinie von den antiken über die karolingischen Fürstenspiegel zu Widukinds Werk kann also nicht gezogen werden. Die Res gestae saxonicae müssen als ein Werk verstanden werden, dass zwar die auch schon in der Antike und in der Karolingerzeit aufgegriffenen Tugenden thematisiert, sie aber anders akzentuiert und sie in einem anderen Zusammenhang verbindet, in dem er sich auf antike, germanische und christliche Traditionen bezieht und die Tugendbegriffe auch auf dieses Spektrum ausdehnt.

f) Der Friedensgedanke in den Res gestae saxonicae:

Pax ist für Widukind das höchste Staatsziel. Der Frieden ist, wie Wolfgang Christian Schneider bekräftigt, unabdingbar für König und Königtum, für Herrschaft wie auch für die

---

[131] Widukind, Sachsengeschichte, I, 17: Qui cum primaeva aetate omni genere virtutum vitam suam ornaret, de die in diem proficiebat precellenti prudentia et omnium bonorum actuum gloria.
[132] Helmut Beumann, S.136.
[133] Helmut Beumann, S.138.

Wertigkeit jeder einzelnen Person und ist gerade daher unbedingt Ziel königlichen Handelns[134]. Pax bedeutet vollzogene, nicht angegriffene Qualität und Personalität aller, ruhiges Miteinander der Beziehungen und Personen in der Gemeinschaft. Der Friedensstörer vernichtet Wertigkeit und Bezogenheit, richtet sich somit gegen den König und seine Herrschaft[135], wie Schneider betont[136]. Jedoch bedeutet Frieden nicht das Fernsein von Krieg, der durchaus positiv gesehen werden kann, da er den Erweis von Herrschaft ermöglicht. Der König muss immer wieder Frieden erweisen und herstellen, durch Huld, Geschenke und die Milde der Gunst Frieden Friedensbrecher neu verpflichten[137]. Pax bedeutet für Widukind, wie Beumann herausstellt, reinste, vollkommenste Harmonie, völliges Aufgehen der Seele in Gott. Die Aufgabe des Herrschers ist es diese pax auch auf Erden bereits zu verwirklichen. Wie wichtig der Frieden ist, zeigt Widukind Mathilde durch die Betonung des Pax-Gedankens. Es war nämlich von entscheidender Bedeutung den Frieden im Reich in Abwesenheit ihres Vaters zu bewahren. Als einziges ottonisches Mitglied nördlich der Alpen hat sie die Aufgabe allein zu bewältigen das Reich zu festigen. Mit Constantia können das Reich und die Herrschaft gesichert werden. Auf constantia ist pax aufgebaut, wie Widukind Mathilde vermittelt. Den Frieden im Reich kann sie mit Hilfe der ihr Wohlgesinnten bewahren, die treu zu ihr stehen und sie in dieser schweren Zeit unterstützen. Eine regelrechte Aufforderung scheint Widukind zu vermitteln: Vertraue den Treuen, hüte dich vor den Feinden, setze die Politik der constantia fort, wie sie dein Vater geführt hat, so dass du den Frieden im Reich wahren kannst!

III. Schluss:

Der Mönch, Hagiograph und Geschichtsschreiber Widukind von Corvey hat mit den Res gestae saxonicae sowohl eine Geschichte des sächsischen Volkes als auch einen Fürstenspiegel für die junge Tochter Ottos des Großen Mathilde, der Äbtissin von Quedlinburg, geschrieben, die nach dem Tode der Königin Mathilde und des Sohnes Ottos

---

[134] Wolfgang Christian Schneider, Ruhm, Heilsgeschehen, Dialektik, S.64.
[135] Widukind, Sachsengeschichte, II, 10: Ibi quoque pacis turbatores facti sunt manifesti, qui hactenus se negabant contra regiam potestatem aliquid fecisse, sed iniuriam tantummodo in socios vindicassent. Rex autem se contemptum ab eis animaadvertens – neque enim ad placitum iuxta iussum venire dignati sunt – arma distulit, veniae locum dedit, proxima sibi simper solitus clementia. Sed haec dilatio ad maiorem perniciem multos protraxit. Fiebant preterea multa nefaria a seditioti, homicidia, periuria, depopulations, incendia; aequum pravumque, sanctum periuriumque illis diebus parum procedebant.
[136] Wolfgang Christian Schneider, Ruhm, Heilsgeschehen, Dialektik, S.64.
[137] Widukind, Sachsengeschichte, II, 7: Ipse autem rex, ut erat clementissimus, dum turbatores pacis merita castigatione afflixit, ilico cum pietate suscepit, et unumquemque eorum regio munere honorans dimisit in pace; II, 28: Quos cum rex suscepisset, aliquanto tempore custodiae mancipatos castigavit. Postea suae gratiae lenitate sibi associans in pace dimisit.
Wolfgang Christian Schneider, Ruhm, Heilsgeschehen, Dialektik, S.64.

des Großen Wilhelm von Mainz, die als Auftraggeber infrage kommen könnten, während des dritten Italienzuges Ottos des Großen allein im Reich nördlich der Alpen aus dem Hause der Ottonen war und somit die Geschicke des Reiches in Abwesenheit ihres Vaters lenken musste. Mit diesem Werk gab Widukind der Mathilde eine nützliche Gebrauchsanweisung, um das Reich zu regieren. Dabei spielten aber auch Eigeninteressen des Autors eine Rolle. So hat er zwar immer wieder auf die Legitimation der Herrschaft durch Gott hingewiesen, hat aber die Kirche nicht als machtvolle Institution thematisiert und somit die enge Verflechtung von kirchlicher Macht und ottonischer Herrschaft ausgeklammert. Weiterhin hat er die Magdeburg-Frage als Gegner der Gründung eines neuen Erzbistums Magdeburg komplett in seinem Werke nicht thematisiert.

Aspekte eines heidnisch-sakralen Königtums und die Verknüpfung der sächsischen Herrschaft mit der Caesarentradition waren in seinem Werk entscheidend. Widukind vermittelt der Mathilde, dass die Sachsen durch ihre Kraft und ihren Mut die Basis für das sächsische Königum bzw. Kaisertum geschaffen haben.

Die Größe von Mathildes Großvater Heinrich I. und ihrem Vater Otto dem Großen wird immer wieder von Widukind betont. Da sie nun die einzige aus ottonischem Hause nördlich der Alpen ist, muss sie das von ihrem Vater hinterlassende Machtvakuum mit einer gefestigten Herrschaft füllen. Widukind verschweigt bewusst nicht die Schwierigkeiten, mit denen ihre Verwandten zu kämpfen hatten und unter deren Nachkommen sie jetzt ihre Herrschaftsposition behaupten muss. In dieser schwierigen Lage gibt der Fürstenspiegel ihr das Rüstzeug zum politisch korrekten Handeln.

Schon in den Vorreden werden ihr Tugenden bescheinigt, die ihre Verwandten auch charakterisieren. Der von Widukind vermittelte Tugendkatalog, der sich auf die von Cicero übermittelten Kardinaltugenden Platos prudeina, fortitudo, diese meist zur virtus ausgeweitet und temperantia, diese als clementia verwendet, bezieht, soll der Mathilde zum Aufbau einer gefestigten Herrschaft dienen. Weiterhin wird die Bedeutung von sapientia, fides und constantia herausgestellt. Constantia verschafft pax, pax bedeutet ein gefestigtes Reich ohne Unruhen. Widukind stellt ganz klar der Mathilde treue Gefährten und Feinde dar, die auch schon unter ihren Verwandten das Reich zu destabilisieren suchten. Wenn sie all diese von Widukind vermittelten wichtigen Informationen zum aktuellen politischen Geschehen aber auch zum Aufbau einer gefestigten Herrschaft beachtet, kann sie das Reich in Abwesenheit ihres Vaters regieren. Die dem Vater zugesprochenen Tugenden vermochten ein gefestiges Reich aufzubauen. Wenn sie diese beachtet, kann sie das Reich in Abwesenheit ihres Vaters regieren, wie Widukind ihr vermittelt.

Beim Vergleich mit anderen Fürstenspiegeln ist deutlich geworden, dass das Werk eine einzigartige Rolle gegenüber anderen Fürstenspiegeln besitzt. So bezieht sich Widukind nicht hauptsächlich auf christliche Tugenden, sondern sein Tugendkatalog baut auf antike, germanische und christliche Wurzeln auf. Die in anderen Fürstenspiegeln so stark betonte iustitia wird fast gänzlich in seinem Werk vernachlässigt. Der Bezug auf Bibelstellen, wie bei Douda und Hinkmar von Reims üblich, wird nur an wenigen Stellen deutlich. Schließlich ist die Verknüpfung einer Geschichte des sächsischen Volkes mit dem Gedanken eines Fürstenspiegels in dieser Form einzigartig, so dass die Res gestae saxonicae als ein „Kuriosum" bezeichnet werden können, was Fürstenspiegel des Hoch- und Spätmittelalters, jedoch nicht in dieser Form, auch noch beeinflusst hat.

Literaturverzeichnis:

I. Quellen:

Die Sachsengeschichte des Widukind von Korvei (Monumenta Germaniae Historica 60), in Verbindung mit H.E. Lohmann, neu bearbeitet von Paul Hirsch, Hannover 1935

Quellen zur Geschichte der sächsischen Kaiserzeit. Widukinds Sachsengeschichte, Adalberts Fortsetzung der Chronik Reginos, Liudprands Werke (Freiherr vom Stein Gedächtnisausgabe, Bd. VIII), Übersetzungen von Paul Hirsch u.a., neu bearbeitet von Albert Bauer und Reinhold Rau, Darmstadt 1971

Quellen zur Geschichte der sächsischen Kaiserzeit. Widukinds Sachsengeschichte, Adalberts Fortsetzung der Chronik Reginos, Liudprands Werke (Freiherr vom Stein-Gedächtnisausgabe, Bd. VIII), unter Benützung der Übersetzungen von Paul Hirsch, Max Büdinger und Wilhelm Wattenbach, neu bearbeitet von Albert Bauer und Reinhold Rau, Darmstadt 1992

Annales Quedlinburgenses, hrsg. von Georg Heinrich Pertz (Monumenta Germaniae Historica SS 3), Hannover 1839

Papsturkunden 896-1046 I, bearbeitet von Harald Zimmermann (Österreichische Akademie der Wissenschaften, Phil-Hist. Klasse, Denkschriften 174. Veröffentlichungen der Historischen Kommission 3), Wien 1984

Die Chronik des Bischofs Thietmar von Merseburg und ihre Korveier Überarbeitung, ediert von Robert Holtzmann (Monumenta Germaniae Historica SS rer. Germ. N.S. 9), 1935

Urkundenbuch des Erzstifts Magdeburg 1, hrsg. von Friedrich Israel und Walter Möllenberg (Geschichtsquellen der Provinz Sachsen, N.R. 18), Magdeburg 1937

II. Sekundärliteratur:

Ottonische Neuanfänge. Symposium zur Ausstellung „Otto der Große, Magdeburg und Europa", hrsg. von Bernd Schneidmüller und Stefan Weinfurter, Mainz 2001:

Althoff, Gerd, Geschichtsschreibung in einer oralen Gesellschaft. Das Beispiel des 10. Jahrhunderts, S.151-169

Ott, Joachim, Kronen und Krönungen in Frühottonischer Zeit, S.171-188

Von Fakten und Fiktionen. Mittelalterliche Geschichtsschreibung und ihre kritische Aufarbeitung (Europäische Geschichtsdarstellungen Bd. 1), hrsg. von Johannes Laudage, Köln 2003:

Althoff, Gerd, Zum Inzenierungscharakter öffentlicher Kommunikation im Mittelalter, S.79-94

Epp, Verena, Von Spurensuchern und Zeichendeutern. Zum Selbstverständnis mittelalterlicher Geschichtsschreiber, S.43-62

Laudage, Johannes, Widukind von Corvey und die deutsche
Geschichtswissenschaft, S.193-224

Schieffer, Rudolf, Zur Dimension der Überlieferung bei der Erforschung narrativer
Quellen des Mittelalters, S.63-78

Althoff, Gerd, Widukind von Corvey. Kronzeuge und Herausforderung, in:
Frühmittelalterliche Studien 27, 1993, S.253-72

Beumann, Helmut, Ideengeschichtliche Studien zu Einhard und anderen Geschichtsschreibern
des früheren Mittelalters, Darmstadt 1962

Beumann, Helmut, Widukind von Korvei. Untersuchungen zur Geschichtsschreibung und
Ideengeschichte des 10. Jahrhunderts (Abhandlungen zur Corveyer Geschichtsschreibung,
Bd. 3; Veröffentlichungen der Historischen Kommission des Provinzialinstituts für
westfälische Landes- und Volkskunde, Bd. X 3), Weimar 1950

Engel, Richard, Widukind von Corvey, in: Weltbild und Realität. Einführung in die
mittelalterliche Geschichtsschreibung, hrsg. von Ulrich Knefelkamp, Pfaffenweiler 1992,
S.85-92

Karpf, Ernst, Herrscherlegitimation und Reichsbegriff in der ottonischen
Geschichtsschreibung des 10. Jahrhunderts, Historische Forschungen, im Auftrag der
Historischen Kommission der Akademie der Wissenschaften und der Literatur, hrsg. von Karl
Erich Born und Harald Zimmermann, Bd. X, Stuttgart 1985, S.144-74

Kersken, Norbert, Die Anfänge nationaler Geschichtsschreibung im Hochmittelalter:
Widukind von Corvey, Gallus Anonymus, Cosmas von Prag, Gesta Hungarorum, In: Europas
Mitte um 1000 (Handbuch zur Ausstellung), hrsg. von Alfred Wieczorek und Hans Martin
Hinz, Bd.2, Darmstadt 2000, S.863-67

Schneider, Wolfgang Christian, Ruhm, Heilsgeschehen, Dialektik, Drei kognitive Ordnungen
in Geschichtsschreibung und Buchmalerei der Ottonenzeit (Historische Texte und Studien,
Bd. 9), Hildesheim 1988

Schneidmüller, Bernd, Widukind von Corvey, Richer von Reims und der Wandel politischen
Bewusstseins im 10. Jahrhundert, in: Beiträge zur mittelalterlichen Reichs- und
Nationalbildung in Deutschland und Frankreich, hrsg. von Carlrichard Brühl und Bernd
Schneidmüller (Historische Zeitschrift Heft 24), München 1997, S.83-102